W0284974

Les trésors de Petit Ours Brun

10 histoires de Noël

bayard jeunesse

— 2004 —

Marie Aubinais • Danièle Bour

Petit Ours Brun décore les fenêtres

Pour décorer les fenêtres,
Petit Ours Brun
va faire des découpages !

Pour commencer,
Petit Ours Brun
découpe un gros sapin.

Pour qu'il soit
plus beau,
Petit Ours Brun
y ajoute
des gommettes.

Pour qu'il tienne
sur la fenêtre,
Petit Ours Brun
veut mettre du Scotch.

Oh ! Le Scotch ne se laisse pas faire.
Petit Ours Brun commence à s'énerver.

Heureusement,
Maman Ours sait
couper le Scotch.
Petit Ours Brun
peut coller son sapin.

Petit Ours Brun
a décoré la fenêtre.
Il dit : — C’est beau,
un seul sapin !

Cette histoire est tirée de POMME d'API paru en 2004.

– 2015 –

Marie Aubinais • Danièle Bour

Petit Ours Brun écrit au Père Noël

Petit Ours Brun est
chez Nounou.
Il veut écrire avec elle
une lettre au Père Noël.

Petit Ours Brun dit :
— Moi, je parle,
et toi, tu écris. D'accord ?

Petit Ours Brun commence :
– Bonjour Père Noël,
je t'ai déjà vu dans la rue,
tu te rappelles ?

cher Père Noël

Petit Ours Brun continue :
– Je voudrais que tu viennes chez moi.
Ma maison, c'est la jaune, tu vois laquelle ?

Cher Père Noël
Venez dans
ma maison

Petit Ours Brun ajoute :
– J'aimerais bien faire
un tour sur le dos
de ton renne,
et savoir comment
il s'appelle.

Cher Père Noël
Venez dans
ma maison
rennes

Nounou demande :
— Mais si son renne
ne veut pas te prendre
sur son dos, tu as une idée
de cadeau ?

Cher Père Noël

Petit Ours Brun réfléchit :
— Ah oui, un hélicoptère !
Comme ça, c'est moi
qui irai le voir dans le ciel !

Cette histoire est tirée de POMME d'API paru en 2015.

– 2021 –

Marie Aubinais ● Céline Bour-Chollet

Petit Ours Brun rentre au chaud

Petit Ours Brun joue dehors.
Il est bien emmitouflé.
Sa bouche fait
une petite fumée.

Petit Ours Brun
commence à renifler.
Ses joues piquent,
ses doigts sont glacés…

Petit Ours Brun
rentre au chaud.
Ah, ça fait du bien !
Zou, il enlève
son manteau.

Hop, hop ! Petit Ours Brun
enfile ses chaussons.
La chaleur se répand
dans tout son corps.

Maman Ours a préparé
un grand bol de chocolat.
Miam !

Miel

Les mains sur le bol,
ça réchauffe les doigts.
Ouille, mais ça brûle !

Petit Ours Brun demande :
— Quand je serai réchauffé, je pourrai ressortir jouer ?

Miel

Cette histoire est tirée de POMME d'API paru en 2021.

– 2001 –

Marie Aubinais • Danièle Bour

Petit Ours Brun
décore le sapin

Maman Ours
a acheté un sapin.
Petit Ours Brun
veut le décorer.

Maman Ours
apporte des décorations.
Elles sont belles !
Petit Ours Brun
veut toutes les sortir.

NOËL

Il y a des guirlandes
qui brillent.
Petit Ours Brun
veut les installer.

NOËL

Il y a des boules
toutes légères.
Petit Ours Brun
veut les accrocher.

NOËL

Il y a des cadeaux
tout petits.
Petit Ours Brun
veut les ouvrir.

NOËL

Mais il n'y a rien
dans ces paquets !
Petit Ours Brun
préfère mettre les anges.

NOËL

Le bas du sapin
est vraiment
bien décoré.
Petit Ours Brun
est fier de lui !

Cette histoire est tirée de POMME d'API paru en 2001.

– 1995 –

Marie Aubinais ● Danièle Bour

Petit Ours Brun prépare la bûche

Petit Ours Brun
a tout ce qu'il faut
pour préparer
la bûche de Noël.

Maman Ours
fait fondre le chocolat.
Mais qui va lécher
la cuillère en bois ?

Petit Ours Brun
trempe dans le lait
tous les biscuits,
sauf les cassés
qu’il garde pour lui !

Maman Ours tartine
les biscuits de chocolat.
Mais qui s’en met
plein les doigts ?

Petit Ours Brun
ajoute du chocolat
sur le gâteau presque fini.
Voilà !

Maman Ours arrange
un peu tout ça.
Mais qui va s'occuper
des décorations ?

La bûche de Noël
est finie.
Qui va se régaler ?
C'est Petit Ours Brun !

Cette histoire est tirée de POMME d'API paru en 1995.

– 2017 –

Marie Aubinais • Danièle Bour

Petit Ours Brun
retrouve Tonton Barnabé

Tonton Barnabé est venu
pour Noël.
Petit Ours Brun
lui saute dans les bras.

Barnabé dit :
— Bonjour mon neveu !
Mais !?
Tu es presque aussi
grand que moi ?
Ouh là là !

Petit Ours Brun rigole
et dit, tout fier :
— Encore quatre mètres
et je serai comme toi !

Barnabé prend
Petit Ours Brun
sur son dos :
— En route pour le salon !
Petit Ours Brun rit :
— Va, mon cheval !

Barnabé raconte
qu'il a une baleine
dans sa salle de bain.
Petit Ours Brun
lui demande :
– C'est vraiment vrai ?

Petit Ours Brun
aimerait bien
voir Barnabé
plus souvent.
Avec lui,
il ne s'ennuie jamais.

Barnabé dit :
— On va faire un petit selfie et l'envoyer à Mamie.
Petit Ours Brun pense qu'il a beaucoup de chance d'avoir un tonton comme lui.

Cette histoire est tirée de POMME D'API paru en 2017.

– 2008 –

Marie Aubinais • Danièle Bour

Petit Ours Brun
aime les parfums de Noël

À Noël,
chez Petit Ours Brun,
il y a un sapin
et ça sent un peu
la forêt dans un coin.

À Noël,
chez Petit Ours Brun,
il y a des clémentines
et ça donne une odeur
de pluie fine.

À Noël,
chez Petit Ours Brun,
il y a des chocolats.
Ça sent si bon
qu'il goûterait bien celui-là.

Chocolat

À Noël,
chez Petit Ours Brun,
il y a une dinde au four,
et ça sent la bonne odeur
des grands jours.

À Noël,
chez Petit Ours Brun,
il y a des bougies,
et s'il en éteint une,
ça sent doucement
la fumée.

À Noël,
chez Petit Ours Brun,
il y a un feu pétillant.
Ça sent le bois
et l'hiver vivifiant.

À Noël, Petit Ours Brun dit :
— Ça sent Noël partout
et en plus, moi je crois
que ça sent les cadeaux.

Cette histoire est tirée de POMME d'API paru en 2008.

– 2017 –

Marie Aubinais • Danièle Bour

Petit Ours Brun adore la neige

Petit Ours Brun
s'approche de la fenêtre.
Il s'écrie :
— Maman, viens voir !
Dehors, dehors...

Petit Ours Brun
regarde le ciel,
il voit des petits morceaux
de neige qui tournent
et qui tombent.
Encore, encore...

Petit Ours Brun court
à l’autre fenêtre, il crie :
— Il neige aussi
de ce côté-là !
On sort ! On sort !

Petit Ours Brun enfile
ses chaussures, son blouson,
et il part...
Mais sa maman l'arrête :
— Hep, et le bonnet alors ?

Petit Ours Brun
se sent bien, dehors.
C'est bizarre, tout est blanc,
les bruits sont moins forts...

Maman Ours fait
un beau bonhomme
de neige.
Petit Ours Brun lui dit :
— Attends, voilà du renfort !

Les voisins sont sortis aussi !
Tout le monde s'amuse,
comme si la neige mettait
grands et petits d'accord.

Cette histoire est tirée de POMME d'API paru en 2017.

– 1993 –

Marie Aubinais ● Danièle Bour

Petit Ours Brun met ses chaussures sous le sapin

À Noël, on pose
ses chaussures
au pied du sapin
pour recevoir ses cadeaux.
Petit Ours Brun
a déjà mis les siennes.

Petit Ours Brun ajoute
d’autres chaussures :
– Une seule paire,
ce n’est pas assez !

Pour avoir beaucoup
de cadeaux, il met aussi
des chaussons plus gros !

Petit Ours Brun
accroche en plus
une petite chaussette,
pour avoir une surprise
peut-être...

Petit Ours Brun dit :
— Si je mets beaucoup de chaussures, j'aurai plus de cadeaux, c'est sûr !

Maman Ours dit :
– Mais non, Petit Ours, on met juste une paire pour dire qu'on attend ses cadeaux !

Finalement,
Petit Ours Brun
choisit ses bottes.
Il dit :
— Elles sont grandes
pour un grand cadeau !

Cette histoire est tirée de POMME D'API paru en 1993.

– 2022 –

Marie Aubinais • Danièle Bour • Céline Bour-Chollet

Petit Ours Brun ouvre ses cadeaux

C'est Noël !
Petit Ours Brun
et son cousin
sont réveillés.
Le grand jour
est enfin arrivé !

Grande Ourse Rousse
aussi est levée.
Elle crie :
— Allez, on y va !

Waouh ! Il y a plein
de cadeaux !
Des petits, des moyens,
des gros !

Petit Ours Brun
attend les siens.
C'est dur de patienter
aussi longtemps !

PETIT OURS

Petit Ours Brun ouvre
un premier cadeau.
Il est très gros, c'est quoi ?
Une ferme en bois !
Petit Ours Brun
est fou de joie.

Oh ! Il y en a encore un.
C’est une boîte de crayons
de toutes les couleurs !

Noël, ça devrait être
tout le temps,
parce que tout le monde
est content.

Cette histoire est tirée de POMME d'API paru en 2022.

Petit Ours Brun est un héros des magazines
Popi et Pomme d'Api

18 rue Barbès — 92120 Montrouge
Illustrations originales : Danièle Bour
Réalisation : Danièle Bour, Céline Bour—Chollet.
Textes : Marie Aubinais
Dépôt légal : octobre 2023

Loi 49—956 sur les publications destinées à la jeunesse.
Imprimé en Espagne.